BEI GRIN MACHT SICH IHR
WISSEN BEZAHLT

AF167033

- Wir veröffentlichen Ihre Hausarbeit,
  Bachelor- und Masterarbeit

- Ihr eigenes eBook und Buch -
  weltweit in allen wichtigen Shops

- Verdienen Sie an jedem Verkauf

Jetzt bei www.GRIN.com hochladen
und kostenlos publizieren

Bibliografische Information der Deutschen Nationalbibliothek:

Die Deutsche Bibliothek verzeichnet diese Publikation in der Deutschen National-
bibliografie; detaillierte bibliografische Daten sind im Internet über http://dnb.d-
nb.de/ abrufbar.

Impressum:

Copyright © 2019 GRIN Verlag
Druck und Bindung: Books on Demand GmbH, Norderstedt Germany
ISBN: 9783346057822

Dieses Buch bei GRIN:

https://www.grin.com/document/507524

Heike Fuhrmann

Nonverbale Kommunikation im Unterricht. Der Einfluss der Körpersprache auf das Verhalten der Schüler

GRIN Verlag

GRIN - Your knowledge has value

Der GRIN Verlag publiziert seit 1998 wissenschaftliche Arbeiten von Studenten, Hochschullehrern und anderen Akademikern als eBook und gedrucktes Buch. Die Verlagswebsite www.grin.com ist die ideale Plattform zur Veröffentlichung von Hausarbeiten, Abschlussarbeiten, wissenschaftlichen Aufsätzen, Dissertationen und Fachbüchern.

Besuchen Sie uns im Internet:

http://www.grin.com/

http://www.facebook.com/grincom

http://www.twitter.com/grin_com

Nonverbale Kommunikation im Unterricht

Inhaltsverzeichnis

1 Einleitung und Überblick: Warum Körpersprache im Unterricht wichtig ist

Während des Studiums habe ich mich ausgiebig mit verschiedenen Fächern, Themen und deren Didaktik auseinandergesetzt. Stets gilt es, Kompetenzen anzuvisieren und den Bezug zur Lebenswelt der Kinder herzustellen, dabei verschiedene Medien einzusetzen und nach Möglichkeit sinnvolle Sozialformenwechsel einzubauen. Natürlich muss all das exakt auf 45 oder 90 Minuten abgezirkelt sein, worin die Überprüfung des Stundenziels miteinbegriffen ist. Angekommen vor der Klasse merke ich jedoch, dass die Inhalte und der wohl überlegte Aufbau der Stunde zwar enorm wichtig ist, es sich hierbei jedoch um einen Prozess handelt, der überwiegend vor dem eigentlichen Unterricht abläuft. Doch was passiert im Klassenzimmer? Ist es nicht die Kommunikation zwischen der Lehrperson und den Schülerinnen und Schüler[1], worauf es letztlich ankommt? Welche Möglichkeiten habe ich, um mit meinen verbalen und nonverbalen Signalen Einfluss auf das Verhalten der Kinder zu nehmen?

Diese Fragen haben mich dazu bewegt, mich genauer mit der Körpersprache im Unterricht zu beschäftigen. Bisher habe ich die Körpersprache eher intuitiv eingesetzt. Um sie bewusster und effektiv einsetzen zu können, habe ich mich in die Thematik eingelesen und verschiedene Lehrpersonen im Hinblick auf ihren Körperspracheneinsatz im Unterricht beobachtet.

Im Rahmen dieser Arbeit werde ich zunächst klären, warum nonverbale Kommunikation im Unterricht eine wichtige Bedeutung hat. Anschließend werden die einzelnen Aspekte des nichtverbalen Lehrerverhalten herausgegriffen und genauer betrachtet. Neben Gestik und Mimik spielen auch der Blickkontakt, Kinesik, Proxemik und die innere Haltung eine Rolle. Auch auf die Körperinszenierung und die Status-Gestaltung wird kurz eingegangen. Abschließen habe ich einen Auswertungsbogen entwickelt, mit dessen Hilfe eine Lehrperson ihren Einsatz des nichtverbalen Verhaltens nach einer Unterrichtseinheit reflektieren und dadurch zukünftig optimieren kann. Eine kurze Abschlussreflexion und ein Ausblick schließen die Ausarbeitung dann ab.

---

[1] Im Folgenden wird aus Gründen der besseren Lesbarkeit auf die gleichzeitige Verwendung männlicher und weiblicher Sprachformen verzichtet. Sämtliche Personenbezeichnungen gelten gleichwohl für beiderlei Geschlechter.

2 Der Körper spricht immer

Mit unserer Körpersprache senden wir Botschaften, die über das Gesprochene hinausgehen und ebenfalls die kommunikative Interaktion wesentlich beeinflussen. Immer, wenn Menschen miteinander in Kontakt kommen, kommunizieren sie auch nonverbal miteinander (Timpner/ Eckert 2016, S. 9). Der Terminus „nonverbale Kommunikation" wurde 1979 von den Wissenschaftlern Klaus Scherer und Klaus Wallbott, die sich ausgiebig mit der Bedeutung der Körpersprache für die Kommunikation befassten, eingeführt. Doch bereits 1974 hat der

Kommunikationswissenschaftler Paul Watzlawick in seinem bekannten Buch „Menschliche Kommunikation" geschrieben: „Man kann nicht nicht kommunizieren." (Watzlawick 1974, S. 51). Er hat erkannt, dass alles, was wir machen, eine Signalwirkung hat. Der Linguist Karlverkämper hat die Überlegungen von Watzlawick erweitert und formulierte es wie folgt: „Es ist unmöglich, nicht mit dem Körper kommunikativ zu wirken." (Karlverkämper 1995, S. 143). Wir müssen also unseren Körper nicht einmal bewusst einsetzen, um eine Wirkung zu erzielen. Der Körper sorgt, sobald er von einem Gegenüber wahrgenommen wird, für eine Wirkung. Gerade ein Lehrer steht während des Unterrichts im Fokus der Aufmerksamkeit. Alles, nicht nur das Gesagte, wird von den Schülern wahrgenommen und bewertet. Natürlich geschieht dies mal mehr und mal weniger bewusst. Die verschiedenen Körpersignale wirken sich unter anderem auf die Ausstrahlung, das Unterrichtsklima und das Gefühl der Schüler, geschätzt und wahrgenommen zu werden, aus.

Körpersprachliche Kenntnisse und eine erhöhte Wahrnehmung können für einen bewussteren Umgang mit der Körpersprache sorgen und die Selbstwirksamkeit in Schulalltag erhöhen. Es gibt einige wissenschaftliche Studien, die die Bedeutung der Körpersprache in Kommunikationsprozessen untersucht haben. Die bekannteste Studie wurde von dem amerikanischen Psychologen Albert Mehrabian (1972) durchgeführt. Er untersuchte, was passiert, wenn der Inhalt im Widerspruch zur Intonation oder zur Körpersprache steht. Die Untersuchung zeigte, dass die Wirkung zu 55 Prozent auf der Körpersprache, zu 38 Prozent auf der Intonation und nur zu 7 Prozent auf dem Inhalt beruht. Es ist also unbestritten, dass die Körpersprache eine große Bedeutung für die menschliche Kommunikation hat. Die Zahlen der Studie verdeutlichen, wie wichtig es ist, dass die Körpersprache und die Intonation zum Inhalt passen, weil sonst dem Inhalt kaum Beachtung geschenkt wird. Bei Irritationen oder Unstimmigkeiten wird in der Regel der nonverbalen Botschaft mehr Bedeutung geschenkt. Das Ziel sollte daher für jeden Lehrer eine möglichst kontinuierliche Übereinstimmung und Gleichgerichtetheit der Bereiche Inhalt, Intonation und Körpersprache sein.

3 Die fünf Aspekte der nonverbalen Kommunikation

Die Körpersprache umfasst mehr Bereiche, als viele vielleicht auf Anhieb annehmen würden. Es ist wichtig zu betonen, dass körpersprachliche Signale stets im Verbund mit anderen auftreten. Erst wenn mehrere Signale zusammenwirken, entsteht „ein körpersprachliches Gesamtbild" mit einem „bestimmten körpersprachlichen Ausdruck" (Timpner/ Eckert 2016, S. 20). Dennoch ist es zunächst einmal hilfreich, die Körpersprache in ihre einzelnen Bereiche aufzugliedern. So lässt sie sich leichter beobachten, reflektieren und trainieren. Kulturelle Unterschiede sollten dabei natürlich berücksichtigt werden.

3.1 Blickkontakt

„Ein Blick sagt mehr als tausend Worte", „Ich habe dich im Blick", „Wenn Blicke töten könnten", „Liebe auf den ersten Blick", jemanden „mit dem Blick festnageln" – Es gibt viele Redewendungen rund um Blicke. Über die Augen nehmen wir ganz ohne Worte eine Verbindung zu unserem Gegenüber auf und schaffen einen Blickkontakt.

Auch im Unterricht ist es wichtig, die Schüler im Blickfeld zu haben. In der Literatur wird meist ein Mindestabstand von zwei Metern zur Klasse empfohlen, damit es nicht zum so genannten „Scheibenwischerblick" kommt (vgl. Heidemann 2012, S. 88). Die einzelnen Schüler sollten durch einen Blickkontakt, bei dem eine echte Personenwahrnehmung stattgefunden hat, bewusst wahrgenommen werden. Gleichzeitig sollte der Lehrer darauf achten, die Schüler nicht zu lange und intensiv anzuschauen. Dies wirkt meist einschüchternd oder sorgt dafür, dass andere Schüler ihre Aufmerksamkeit beenden.

Noch bevor der Lehrer mit dem Unterricht beginnt, sollte er den Blick durch den Raum schweifen lassen und so die Blicke der Schüler regelrecht einsammeln. Es gilt also, „erst blicken, dann sprechen" (Heidemann 2012, S. 87). Stellt der Lehrer eine Frage, und es melden sich nur wenige Schüler, sollte der Lehrer nicht gleich eine weitere Frage einschieben, sondern warten und die Schüler erwartungsvoll anschauen. Dadurch bekommt der Blick einen eindeutigen Charakter. Der Lehrer erwartet eine Antwort (vgl. Heidemann 2012, S. 89). Wie wirkungsvoll der Blickkontakt sein kann, wurde mir im Praktikum insbesondere bei der Klassenlehrerin Frau K. bewusst. Durch eine intensive Blickkontaktaufnahme zum Beginn des Unterrichts schaffte sie es, die Aufmerksamkeit der Schüler auf sich zu ziehen und so, selbst nach unruhigen Stunden für eine konzentrierte und ruhige Atmosphäre zu sorgen.

Ein Blick dient aber nicht nur der Kontaktaufnahme, sondern er kann auch Einstellungen und Gefühle vermitteln. Nicht umsonst gilt die „Pupille als Schlüssel zur Seele" (Heidemann 2012, S. 86). Begeisterung, Zuneigung, Feindseligkeit und Ernsthaftigkeit sind nur Beispiele für Emotionen, die aus einem Blick gelesen werden können. Auch Kinder haben schon ein gutes Gespür für das Befinden ihres Gegenübers. Daher ist es umso wichtiger, die Emotionen durch den Blick zum Ausdruck zu bringen. Sei dies nun die Begeisterung für ein Thema, die Freude beim Aussprechen eines Lobes oder die Ernsthaftigkeit bei der Ermahnung einer Unterrichtsstörung. Im Praktikum wurde mir dies vor allem bei der Mathematiklehrerin Frau S. bewusst. Ein ernster,ermahnender Blick reichte meist aus, um unkonzentrierte Schüler dazu zu bringen, wieder leise zu sein und sich auf den Unterrichtsinhalt zu fokussieren.

3.2 Mimik und Gestik

Die Mimik ist der „sichtbare Ausdruck aller Gesichtsmuskeln" (Timpner/ Eckert 2016, S. 22). Die einzelnen Partien des Gesichts besitzen einen unterschiedlich intensiven Ausdruckswert und differenzierte Bewegungsmöglichkeiten (vgl. Heilmann 2009, S. 54). Der Mensch kann insgesamt rund dreitausend unterschiedliche Gesichtsausdrücke zeigen, die Gefühle wiederspiegeln. Die Basisemotionen Trauer, Wut, Angst und Freude sind kulturübergreifend verständlich und werden von einer typischen Mimik begleitet (vgl. Heilmann 2009, S. 55). Lediglich die Intensität mit der diese Emotionen gezeigt werden, ist unterschiedlich. Das liegt daran, dass in manchen Kulturen die Emotionen offener gezeigt werden als in anderen. Das Gesicht lässt sich in die Areale Stirn, Augen, Augenbrauen, Nase und Mund unterteilen (Heilmann 2009, S. 54). In diesen Arealen vollziehen sich unterschiedliche Bewegungen, die jedoch meist miteinander verknüpft sind. Für den Unterricht bedeutet das, dass sich die Befindlichkeit des Lehrers auch stets in seiner Mimik widerspiegelt. Um Neugier, Freude oder Tatendrang glaubhaft ausstrahlen zu können, muss der Lehrer selbst eine positive Einstellung zu dem Fach oder Thema haben.

Unter Gestik werden alle Bewegungen der Hände, Arme und des Kopfes verstanden. Mimik und Gestik wirken meist zusammen und sind stark mit dem Sprechakt verbunden. Sprechbegleitende Gesten unterstützen die „Hervorbringung und Vervollkommnung der Gedanken" (Heilmann 2009, S. 57). Die Gestik erhöht das Verständnis und aktiviert einen zusätzlichen Sinneskanal, was wiederum im Unterricht für das Verständnis und Lernen förderlich ist. Mithilfe der Gestik kann der Lehrer das Sprechtempo regulieren, die Aussprache akzentuieren und den Unterrichtsstoff lebendig vermitteln. Es gibt einige unterschiedliche Arten von Gesten. Sie können universell, kulturell erworben, konventionell vereinbart oder ganz individuell sein (vgl. Timpner/ Eckert 2016, S. 28; Heilmann 2009, S. 57 ff.). Vor allem rituelle Gesten, dessen Bedeutung mit den Kindern vereinbart wurde, können den Unterrichtsalltag erleichtern. Ein Beispiel hierfür aus meiner ISP-Schule ist das Melden mit beiden Armen gleichzeitig als Zeichen dafür, dass das Kind gerne zur Toilette gehen möchte. Im Professionalisierungspraktikum wurden von den Lehrpersonen in erster Linie Gesten verwendet, die der Aufforderung dienten, ruhig zu sein. Zum einen wurde häufig der „Zeigefinger vor dem Mund" eingesetzt und zum anderen der immer noch sehr bekannte „Schweigefuchs", bei dem sich Daumen, Mittelfinger und Ringfinger berühren. Auch wenn der „Schweigefuchs" für nichts anderes steht als „Ohren offen und Mund zu", so sieht er dennoch dem Erkennungszeichen der „Grauen Wölfe", einer rechtsextremen, nationalistischen Gruppierung in der Türkei, zum Verwechseln ähnlich. Das Kultusministerium der Schulen in Baden-Württemberg empfiehlt aus diesem Grund bereits seit zwei Jahren eindringlich, die Geste im Unterricht nicht mehr zu verwenden. Um Irritationen und Konflikte zu vermeiden, sollten Lehrkräfte daher besser auf andere Gesten zurückgreifen, um für Ruhe zu sorgen. Mögliche Alternativen sind gemeinsame Sprüche, Klatschrhythmen oder der Einsatz von Klagschalen oder anderen akustischen Signalen.

Während dem Unterricht sollten vor allem offene Gesten überwiegen. Diese Gesten wirken einladend. Der Daumen weist hierbei nach außen und der Handrücken nach unten (vgl. Molcho 2006, S. 17). Während dem Sprechen sollte der Lehrer vermeiden, die Sichtachse, also den freien Blick auf das Gesicht, mit den Armen und Händen zu kreuzen oder gar zu verdecken (vgl. Timpner/ Eckert 2016, S 34). Nutzt der Lehrer beim Sprechen seine Arme und Hände, um das, was er sagt, zu verdeutlichen, sollte er darauf achten, dass er die Hände nach der Aussage zwei bis drei Sekunden lang in ihrer Position verweilen lässt. Lässt man die Hände zu schnell aus ihrer Position hinunterfallen, so entsteht durch die lange Abwärtsbewegung Unruhe. Das Fallenlassen der Hände bleibt beim Betrachter viel stärker haften, als die Gesten, die das Sprechen begleiten.

3.3 Kinesik

Die Kinesik widmet sich der Vielfalt an Körperhaltungen und Gangarten. Der menschliche Körper lässt sich in verschiedene Achsen unterteilen. Es gibt die linke und rechte Körperhälfte, die Vorder- und Rückseite, sowie die obere und untere Körperhälfte. Da sich der Körper in einer aufrechten, einer sitzenden, hockenden oder liegenden Haltung befinden kann, gibt es unzählige Möglichkeiten, den Körper zu positionieren und inszenieren (vgl. Heilmann 2009, S. 59 f.). Die verschiedenen Körperebenen und -positionen rufen Wirkungen hervor, die vom Gegenüber wahrgenommen und interpretiert werden (Heilmann 2009, S.61). Schließlich gibt jede Körperhaltung und jeder Gang einen Hinweis auf die innere Haltung, den Status und die Gefühlslage der jeweiligen Person.

Ein Lehrer sollte daher darauf achten, dass die Haltung und der Gang zur jeweiligen Absicht und Situation passen (Timpner/ Eckert 2016, S. 35). Eine offene, aufrechte Haltung und ein stabiler Stand wirken souverän und strahlen Sicherheit aus. Das freie Stehen gilt zudem als „Signal der Interaktion" (Heidemann 1996, S. 104). Konträr dazu wirkt eine gekrümmte Körperhaltung und eingedrehte Füße unsicher, verschlossen und nach innen gekehrt. In vielen Situationen ist ein stabiler Stand vorteilhaft. Bei einem stabilen Stand sind keine Muskeln unnötig angespannt. Sind mehr Muskeln angespannt als notwendig, kann dies zu Verspannungen und körperlichen Blockaden führen (vgl. Timpner/ Eckert 2016, S. 36). Zudem sollte darauf geachtet werden, dass die Schüler den Lehrer bei Erklärungen in seiner ganzen Körperbreite sehen können. Steht der Lehrer direkt hinter dem Overhead-Projektor oder sitzt er am Lehrerpult, so besteht eine Sichtbarriere, die als „Beziehungssperre" wirkt und sich auch negativ auf die Schüleraufmerksamkeit auswirken kann (vgl. Heidemann 2012, S. 91 ff.). Vermutlich liegt hier auch eine der Ursachen für die im Praktikum wahrgenommene Unruhe im Englisch-unterricht. Frau H. drehte der Klasse auffällig häufig den Rücken zu. Dadurch verlor sie die Aufmerksamkeit vieler Schüler. Doch anstatt den Fokus zumindest im Anschluss wiederherzustellen, redete sie einfach weiter. Ein hoher Lärmpegel und zahlreiche Kinder, die oft nicht wussten, was sie zu tun hatten, waren die Folge. Der gewonnene Eindruck zeigt, wie wichtig es ist, sich über die Körperposition im Raum Gedanken zu machen und welche Auswirkungen eine nicht ausreichend gegebene Präsenz haben kann.

Des Weiteren lässt sich sagen, dass die innere Befindlichkeit auf die äußere Haltung Einfluss nehmen kann. Umgekehrt kann jedoch auch die Körperhaltung die eigene Befindlichkeit beeinflussen. Zahlreiche Untersuchungen konnten das bereits nachweisen. Setzt man sich beispielsweise, den Kopf von den Armen abgestützt an einen Tisch und nimmt eine gelangweilte Körperhaltung und Mimik ein, so überträgt sich die Langeweile auf den eigenen Gefühlszustand. Legt man jedoch die Füße auf den Tisch und verschränkt die Hände hinter dem Kopf, so fühlt man sich schon bald entspannt und selbstsicher. Amy Cuddy konnte 2012 nachweisen, dass das Einnehmen bestimmter Körperhaltungen den Testosteron- und Cortisolspiegel in unserem Gehirn beeinflusst. Diese Hormon-veränderung hat wiederum Auswirkungen auf unseren Gemütszustand (vgl. Timpner/ Eckert 2016, S. 82 f.). Überträgt man dies auf eine Prüfungssituation, so kann es helfen, sich vor der Prüfung und dem Unterrichtsbesuch körperlich zu entspannen oder sogar eine selbstsichere Haltung einzunehmen. Typische Nervositätsgesten und -haltungen, wie zum Beispiel Hände reiben, Schultern hochziehen oder Beine überkreuzen, sollten daher vermieden werden. Damit der Stand des Lehrers nicht zu steif wirkt, empfiehlt sich eine gelegentlich wechselnde Verlagerung von einem Bein auf das andere (Standbein, Spielbein). Ist das rechte Bein das Standbein, so erklärt es Samy Molcho, steht meist die „ganzheitliche Wahrnehmung" im Vordergrund. Ist das linke Bein das Standbein, steht „die Konzentration auf Details" im Fokus (Molcho 2006, S. 26).

Die eingesetzte Gestik sollte nicht hektisch, verkrampft oder theatralisch sein, sondern sparsam und präzise eingesetzt werden (vgl. Heidemann 2012, S. 109). Laut Fachliteratur gilt grundsätzlich, dass Hände unterhalb der Gürtellinie eine negative Aussage, Hände zwischen Gürtellinie und Brusthöhe eine neutrale Aussage und Hände auf Brusthöhe eine positive Aussage enthalten (Heidemann 2012, S. 109).

Auch bei den Gangarten lassen sich Unterschiede feststellen. Ein schneller Gang mit kurzen Schritten wirkt hektisch, wohingegen langsame, schwere Schritte träge wirken. Ein Lehrer sollte überwiegend selbstsicher, aufrecht und entspannt laufen, jedoch nie eine Gangart wählen, die dem eigenen Gefühlstand entgegensteht. Ein unruhiges Hin- und Hergehen vor der Tafel lenkt die Klasse vom Inhalt ab und sollte vermieden werden (vgl. Heidemann 2012, S. 91).

3.4 Proxemik

Die Proxemik erklärt das menschliche Raumverhalten. Jeder Mensch hat einen ganz persönlichen Raumanspruch. Das ist der Abstand, den wir automatisch zu unseren Mitmenschen einnehmen, wenn es uns möglich ist (vgl. Heilmann 2009, S. 63; Timpner/ Eckert 2016, S. 36). Das räumliche Verhalten hängt von sehr vielen unterschiedlichen Faktoren ab. Sowohl personelle Faktoren als auch interpersonelle und strukturelle Faktoren spielen eine Rolle. Ist der Raum, wie zum Beispiel in einem Aufzug, sehr klein, so müssen wir auf den persönlichen Raumanspruch verringern. Auch der Vertrautheits- und Sympathiegrad, sowie soziale Hierarchien haben einen Einfluss auf das Raumverhalten (vgl. Heilmann 2009, S. 64). Je vertrauter uns ein Mensch ist, umso kleiner ist die Distanzzone.

Auch im Klassenzimmer gilt es, das persönliche „Wohlfühl-Distanzempfinden" der Schüler zu respektieren und zu berücksichtigen. In vielen Situationen dringen Lehrer in die persönliche Zone von Schülern ein. Beispielsweise beugen sie sich von hinten über den Schüler, um einen Blick auf das Heft oder Buch werfen zu können. Eine ungewollte Nähe kann zu Unbehagen führen und sogar Stress auslösen (vgl. Timpner/ Eckert 2016, S. 37). In der genannten Situation ist es daher besser, sich seitlich und auf Augenhöhe des sitzenden Schülers zu nähern. Möchte der Lehrer auf eine Stelle im Heft zeigen, so sollte er den Arm verwenden, der weiter weg von Schüler ist. So entsteht keine „Schranke" zwischen Lehrer und Schüler und die Intimdistanz des Schülers wird gewahrt (vgl. Heidemann 2012, S. 99).

Edward Hall hat 1966 vier Distanzzonen unterschieden: die intime Distanz, die persönliche Distanz, die soziale Distanz und die öffentliche Distanz (Heilmann 2009, S. 65 ff.). Die Übergänge dieser Zonen sind jedoch fließend und es gibt individuelle Unterschiede. Im Unterricht gilt es daher, die Reaktionen der Schüler bewusst wahrzunehmen. Weicht ein Schüler zurück, so kann daraus ein Rückschluss auf sein persönliches Distanzempfinden gezogen werden. Während es manch ein Schüler vermutlich schon als störend empfand, wenn ich durch die Reihen lief und ihm über die Schulter schaute, suchten andere bewusst meine Nähe. Hier gilt es mit viel Fingerspitzengefühl zu arbeiten und die Grenzen des persönlichen Raumes individuell zu berücksichtigen.

3.5 Körperinszenierung

Die Themen „äußere Erscheinung" und „Kleidung" sind sehr sensible Themen. Das Aussehen, insbesondere Kleidung und Stil, sind eine Möglichkeit die persönliche Identität auszudrücken. Da die individuelle Freiheit jedes Einzelnen berücksichtigt werden muss, wird bei diesem Thema schnell der Persönlichkeitskern berührt. Die „insgesamt liberale und tolerante Einstellung der heutigen Gesellschaft gegenüber Bekleidungs- gewohnheiten" kommt dem sehr entgegen (Heidemann 2012, S. 117). Der Lehrer baut durch die Art der Kleidung keine Distanzen mehr auf, um sich und seine Funktion auf den ersten Blick kenntlich zu machen, sondern „er stellt sich mit seiner Kleidung auf den Zweck und die Zielgruppe ein" (Heidemann 2012, S. 117). Das wird beispielsweise an einem Wandertag oder einem Tag auf der Streuobstwiese deutlich, wenn die Lehrer mit Wanderschuhen und entsprechender Kleidung ausgestattet sind. Auch wenn jeder selbst entscheiden kann, welche Kleidung oder Frisur er trägt sowie, ob er Schmuck, Piercing, Tattoos oder Schminke verwendet, sollte sich jeder darüber bewusst sein, dass auch „Äußerlichkeiten im weiteren Sinne zur rhetorischen Technik gehören" und eine Wirkung erzielen (Heidemann 2012, S. 117). Prinzipiell lässt sich mit etwas Vorsicht andeuten, dass extravagante und sexuell signal-besetzte Kleidung im Unterricht fehl an Platz sind. Eine genaue Definition hierfür ist schwierig, aber die Kleidung sollte nicht zu Ablenkungen führen, den Bewegungsradius einschränken oder das Stand- und Gehverhalten des Lehrers beeinflussen (vgl. Timpner/ Eckert 2016, S. 22). Für noch wichtiger als das äußere Erscheinungsbild halte ich jedoch das vorbildliche soziale Verhalten und die Pünktlichkeit. Pünktlichkeit ist ein Zeichen der Wertschätzung und des Respekts und sollte niemals als Status-Zeichen des „Ranghöheren" eingesetzt werden.

4 Die innere Haltung

Die innere Einstellung hat einen großen Einfluss auf unseren Körperausdruck und spiegelt sich auch in Gestik, Mimik und der Haltung wider. Das, was wir empfinden, sollte daher im Einklang mit unserem Handeln stehen (vgl. Timpner/ Eckert 2016, S. 104 f.). Nur eine stimmige Persönlichkeit strahlt Glaubwürdigkeit aus. Strahlt der Lehrer durch seine Körpersprache etwas Anderes aus, als er mit seinen Worten vermittelt, so führt das zu Irritationen auf Seiten der Schüler (vgl. Timpner/ Eckert 2016, S. 105 f.). Wenn der Lehrer selbst Freude, Spaß und Motivation ausstrahlt, wird sich diese Einstellung auch leichter auf die Schüler übertragen. Daher ist es wichtig, die eigene Grundeinstellung zu reflektieren und zu überprüfen, ob diese zum gewünschten Ziel, zur Absicht, passt (vgl. Timpner/ Eckert 2016, S. 106 f.). Ein wahres Lächeln oder ein echtes Lachen sorgt nicht nur für eine positive Ausstrahlung, sondern wird in der Regel dazu führen, dass die Schüler das Lächeln erwidern und diese Stimmung in sich aufnehmen.

5 Status bewusst gestalten

Das Wort „Status" bezieht sich in diesem Zusammenhang nicht auf Statussymbole wie Geld, Autos, Marken oder eine bestimmte hierarchische Position, sondern auf den inneren Status. Angeregt von dem britischen Verhaltensforscher Desmond Morris hat Keith Johnstone, Mitbegründer des modernen Improvisationstheaters, herausgefunden, dass Kontakte unter Menschen immer von „Hochstatus" und „Tiefstatus" geprägt sind (vgl. Timpner/ Eckert 2016, S. 60 f.). Zwischenmenschliche Begegnungen wirken erst durch Wechsel zwischen Hoch- und Tiefstatus echt und interessant. Keith Johnstone vergleicht das Statusspiel mit einer Wippe. Bereits minimale Wechsel halten die Dynamik aufrecht. Um den Status des anderen zu erhöhen, können wir uns selbst in einen tieferen Status versetzen. Umgekehrt können wir eine höhere Position einnehmen, um unser Gegenüber in einen tieferen Status zu bringen (Timpner/ Eckert 2016, S. 73).

In vielen schulischen Situationen bietet es sich an, nicht um den Status zu kämpfen, sondern die Statuswippe einzusetzen. Zudem ist keiner gerne auf Dauer im Tiefstatus, auch Schüler nicht. Ein Lehrer, der den „Flexibilitätsstatus" verinnerlicht hat, also die Statuswippe beherrscht, wird eher von den Schülern respektiert, wertgeschätzt und als sympathisch empfunden (vgl. Timpner/ Eckert 2026, S. 74 f.). Maike Plath stellt sogar die These auf, dass, je häufiger der Lehrer den Schülern gegenüber in den Tiefstatus geht und diese dadurch auf der Wippe nach oben schickt, desto mehr wird er von den Schülern letztlich im Hochstatus wahrgenommen (Plath 2015, S. 123).

Doch wie lässt sich der bewusste Schritt in den Tiefstatus in der Unterrichtspraxis umsetzen? Eine Möglichkeit, die damals in meiner ISP- Schule eingesetzt wurde, ist, bestimmte Schüler durch die Rolle als „Experte" in einen Hochstatus zu versetzen. Die entsprechenden Schüler kennen sich mit einer Stationsaufgabe besonders gut aus, wenn nicht sogar besser als der Lehrer, und können ihren Mitschülern Hilfe leisten. Auch die Ausführung von Klassendiensten gibt den Schülern die Verantwortung für einen bestimmten Bereich ab. Zwischen Hoch- und Tiefstatus gibt es eine riesige Bandbreite an Facetten. Insgesamt lässt sich sagen, „je höher der Status des Lehrers ist, umso tiefer kann er spielen" (Plath 2015, S. 125). Tiefstatusverhaltensweisen können sich also konkret darin äußern, dass der Lehrer den Schülern die „Herrschaft" über Inhalt, Zeit oder Raum überlässt, Verantwortung abgibt oder viel Eigenständigkeit zutraut. Auch das offene Zugeben von Ratlosigkeit oder das Bitten um Hilfe zählen hierzu. Der Statuswechsel kann auch über bestimmte Körperhaltungen eingeführt werden, zum Beispiel durch das wortlose Warten des Lehrers vor der Klasse, bis diese von alleine ruhig wird.

Um den Statuswechsel souverän einsetzen zu können, sollte der Lehrer diese trainieren und ausprobieren, denn, wie Maike Plath sagt, „Hochstatus ist keine Frage von Talent, sondern von Übung" (Plath 2015, S. 126).

6 Entwicklung eines Reflexionsbogens zur Auswertung des Körpersprachen-einsatzes im Unterricht

Wir senden ständig körpersprachliche Signale aus. Signale, deren wir uns selbst vielleicht gar nicht richtig bewusst sind oder die wir gar nicht beabsichtigen. Unbewusste Gewohnheiten, Haltungen oder Reaktionen in bestimmten Situationen können ein Anlass zur sorgfältigen Selbstbeobachtung sein.

Der Reflexionsbogen soll dabei helfen, die einzelnen Aspekte der Körpersprache im Unterricht zu berücksichtigen und zu überprüfen. Eine Analyse kann Aufschluss über die Bereiche geben, in denen noch Entwicklungspotenzial vorliegt. Die Möglichkeit, sich mit einer Videokamera in dem berufsspezifischen Handlungskontext aufzeichnen zu können, kann nach einer meist anfänglichen Phase der Verunsicherung die Selbstwahrnehmung zunehmend differenzieren. Der Blick aus der Schülersicht kann dabei helfen, die Wirkung der eigenen Körpersprache nach außen hin zu überprüfen.

Der Reflexionsbogen arbeitet mit einer bipolaren Skala. Die nummerischen Bezeichnungen können wie folgt verstanden werden:

1 = trifft immer zu

2 = trifft meistens zu

3 = trifft selten zu

4 = trifft nie zu

		1	2	3	4
Blickkontakt	Schülerblicke aufsammeln				
	Mindestabstand einhalten (kein Scheibenwischerblick)				
	intensiver Blickkontakt zu einzelnen Schülern				
	erst blicken, dann sprechen				
	die Schüler haben freien Blick auf das Gesicht der Lehrperson				
Mimik und Gestik	Armhaltung auf geeigneter Ebene (positive Aussagen vor der Brust)				
	offene Gesten				
	richtiger Arm bei Erklärungen am Schülertisch				
	Mimik und Gestik unterstützen das Gesagte und passen zum Inhalt				
	Hände verweilen nach der Gestik für ein paar Sekunden in ihrer Position (nicht sofort fallen lassen)				
	ritualisierte Gesten werden eingesetzt				
	klare, eindeutige Handbewegungen				
Kinesik	stabiler, freier Stand				
	aufrechte Haltung				
	Präsenz ausstrahlen				
	ruhige, gleichmäßige Atmung				

	keine Barrieresignale				
	Schultern gerade und locker				
	kein überflüssiger Muskeltonus				
	Gang mit geeigneter Geschwindigkeit und Schrittgröße				
	für die Schüler in ganzer Körperbreite sichtbar				
	die Füße haben festen Bodenkontakt und sind nach vorne oder leicht schräg ausgerichtet				
Proxemik	Distanzzonen werden eingehalten				
	Hilfestellung wird seitlich vom Schüler gegeben				
	Die Klasse während dem Hilfestellung geben im Blickfeld haben				
	zielgerichtetes Gehen				
Körperinszenierung	Kleidung dem Anlass angemessen				
	Pünktlichkeit				
Innere Haltung	positive Einstellung gegenüber dem Lerninhalt und der Unterrichtsgestaltung				
	echte Freude und Motivation ausstrahlen				
Status gestalten	Statuswippe eingesetzt (Hochstatus und Tiefstatus)				
	bewusst in den Tiefstatus versetzt, um die Schüler in den Hochstatus zu versetzen				

Die Arbeit zeigt, dass die Körpersprache ein wichtiger Bestandteil der Kommunikation ist und auch im Unterricht gezielt eingesetzt werden sollte. Es wird zwar kontrovers diskutiert, inwiefern die Körpersprache antrainiert werden kann, aber letztlich ist jedoch das Entscheidende, die Sensibilität für die vielfachen Möglichkeiten und deren Wirkung zu wecken. Im Rahmen des Lehramtsstudiums sollten vermehrt Möglichkeiten eröffnet werden, die Wirkung verschiedener körpersprachlicher Signale auszuprobieren und abzuwägen. Der Einfluss der Körpersprache ist im Unterricht so groß, dass diese auch einen Platz in der Lehrerausbildung bekommen sollte.

Im weiteren Verlauf des diesigen Praktikums werde ich den Einsatz meiner Körpersprache regelmäßig reflektieren. Die Arbeit hat mir geholfen, einen Überblick über die vielen Aspekte der Körpersprache zu erlangen. Die Beschäftigung mit den vielfältigen Möglichkeiten des Körpersracheneinsatzes ist ein hilfreicher Schritt hin zu einer besseren Selbst- und Fremdwahrnehmung.

8 Literaturverzeichnis

Heilmann, C. (2009): Körpersprache richtig verstehen und einsetzen. München: Reinhardt

Heidemann, R. (2012): Körpersprache im Unterricht. Ein Ratgeber für Lehrende. 10. Auflage. Wiebelsheim: Quelle & Meyer

Kempner, C. & Eckert, R. (2016): Körpersprache in der schulischen Kommunikation. Heidelberg: Carl-Auer

Molcho, S. (2006): ABC der Körpersprache. Kreuzlingen/ München: Heinrich Hugendubel

Plath, M. (2015): „Spielend" unterrichten und Kommunikation gestalten. Mit schauspielerischen Mitteln für Unterricht begeistern. 2. Auflage. Weinheim/ Basel: Beltz